جُحَا وَالقَاضِي

قصة د. طارق البكري

رسوم إيـاد عيساوي

دار الـرُّقي
للطباعة والنشر والتوزيع

فِي يَوْمٍ مَن الأَيَّامِ.. ذَهَبَ جُحَا كَعَادَتِه إِلَى السُّوقِ لِيَقْضِيَ وَقْتَهُ فِي هِوَايَتِه الْمُحَبَّة إِلَى نَفْسِه، وَهِيَ التَّجَوُّلُ فِي السُّوقِ بَحْثًا عَمَّا فِيه مِنْ سِلَع جَدِيدَةٍ مُخْتَلِفَةٍ..

وَكَانَ النَّاسُ فِي السُّوقِ يَضِيقُونَ صَدْرًا بِجُحَا وَمِنْ أَسْئِلَتِه الْكَثِيرَةِ عَلَى السِّلَعِ.. وَمَع ذَلِكَ لا يَشْتَرِي..

السوق

وَكَانَ هُنَالِكَ رَجُلٌ أَرَادَ أَنْ يُلَقِّنَ جُحَا دَرْسًا وَيَجْعَلَهُ أُضْحُوكَةَ السُّوقِ.. فَتَشَارَطَ مَعَ بَعْضِ التُّجَّارِ أَنَّهُ يَسْتَطِيعُ أَنْ يَضْرِبَ جُحَا كَفًّا عَلَى وَجْهِهِ دُونَ أَنْ يَسْتَطِيعَ جُحَا أَنْ يُقَاضِيَهُ.. فَأَعْجَبَتْهُمُ الفِكْرَةُ..

فَوَقَفَ الرَّجُلُ يَنْتَظِرُ مُرُورَ جُحَا حَتَّى اقْتَرَبَ مِنْ أَحَدِ الحَوَانِيتِ يُرِيدُ أَنْ يُعَايِنَ سِلْعَةً.. وَأَدَارَ ظَهْرَهُ لِلطَّرِيقِ وَوَجْهُهُ نَحْوَ الحَانُوتِ..

وَعِنْدَمَا أَحْنَى رَأْسَهُ قَلِيلًا لِيَتَنَاوَلَ السِّلْعَةَ مِنْ عَلَى الأَرْضِ جَاءَهُ الرَّجُلُ مِنَ الخَلْفِ وَضَرَبَهُ كَفًّا قَوِيًّا عَلَى خَدِّهِ.. فَطَاشَ جُحَا وَكَادَ يَقَعُ عَلَى الأَرْضِ..

وَلٰكِنَّ جُحَا تَمَالَكَ نَفْسَهُ وَالْتَفَتَ وَأَرَادَ أَنْ يَتَعَارَكَ مَعَ الرَّجُلِ..
غَيْرَ أَنَّ الرَّجُلَ اعْتَذَرَ بِشِدَّةٍ قَائِلًا: آسِفٌ يا جُحَا فَقَدْ ظَنَنْتُكَ
رَجُلًا آخَرَ سَرَقَ مِنِّي بِضَاعَةً مُنْذُ مُدَّةٍ..

لَمْ يَقْبَلْ جُحَا هَذَا الْعُذْرَ وَهَجَمَ عَلَيْهِ لِيَقْتَصَّ مِنْهُ.. فَتَدَخَّلَ التُّجَّارُ وَقَالُوا لِجُحَا: إِنَّ الرَّجُلَ مُحِقٌّ. وَشَهِدُوا عَلَى ذَلِكَ..

فَشَعَرَ جُحَا أَنَّ فِي الأَمْرِ خُدْعَةً مَا..

فَقَالَ لَهُمْ: لَنْ أَرْضَى حَتَّى نَتَحَاكَمَ..

فَقَالُوا لَهُ: اخْتَرْ وَاحِدًا مِنْ تُجَّارِنَا الْكِبَارِ لِيَحْكُمَ بَيْنَكُمَا..

فَاخْتَارَ جُحَا أَحَدَ التُّجَّارِ، وَكَانَ أَكْثَرَ التُّجَّارِ غَيْظًا مِنْ جُحَا..

أَقْبَلَ التَّاجِرُ وَاسْتَمَعَ إِلَى شَكْوَى جُحَا لِيُوهِمَهُ أَنَّهُ لَا يَعْرِفُ شَيْئًا عَنْ هَذِهِ الصَّفْعَةِ..

فَقَالَ لِلرَّجُلِ: وَلِمَاذَا ضَرَبْتَ جُحَا بِهَذِهِ الْقُوَّةِ؟

قَالَ الرَّجُلُ: اعْذُرْنِي يا سَيِّدِي فَقَدْ كُنْتُ أَظُنُّهُ لِصًّا..

فَقَالَ لَهُ: هَل اعْتَذَرْتَ مِنْهُ؟

قَالَ الرَّجُلُ: نَعَمْ.

فَقَالَ التَّاجِرُ: إِذَنْ هَلْ تَقْبَلُ الِاعْتِذَارَ يا جُحَا؟؟

فَرَفَضَ جُحَا ذَلِكَ مُطَالِبًا بِرَدِّ اعْتِبَارِهِ..

عِنْدَهَا قَالَ التَّاجِرُ: هَلْ تَقْبَلَانِ بِحُكْمِي؟

فَقَالَ جُحَا وَالرَّجُلُ: نَعَمْ.. وَيَشْهَدُ كُلُّ تُجَّارِ السُّوقِ.

فَقَالَ التَّاجِرُ لِلرَّجُلِ: ادْفَعْ لِجُحَا مَبْلَغَ ٢٠ دِينَارًا عُقُوبَةً عَلَى ضَرْبِكَ لَهُ..

فَقَالَ الرَّجُلُ: لَكِنْ يَا سَيِّدِي لَيْسَ مَعِي مِنْ هَذَا الْمَبْلَغِ شَيْءٌ الآنَ.

فَقَالَ التَّاجِرُ وَهُوَ يَغْمِزُ لَهُ بِإِحْدَى عَيْنَيْهِ: اذْهَبْ وَأَحْضِرْهَا حَالاً وَسَيَنْتَظِرُكَ جُحَا عِنْدِي حَتَّى تَعُودَ.

فَوَافَقَ جُحَا عَلَى ذَلِكَ وَجَلَسَ يَنْتَظِرُ.

فَذَهَبَ الرَّجُلُ.. وَمَضَى وَقْتٌ طَوِيلٌ وَطَالَ انْتِظَارُ جُحَا..

وَمَرَّتْ سَاعَاتٌ وَلَمْ يَحْضُرِ الرَّجُلُ.. فَفَهِمَ جُحَا الْخَدِيعَةَ..

خُصُوصًا أَنَّهُ كَانَ يَبْحَثُ عَنْ تَفْسِيرٍ لِإِحْدَى الْغَمْزَاتِ الَّتِي وَجَّهَهَا التَّاجِرُ لِغَرِيمِهِ.

فَقَامَ جُحَا فَجْأَةً وَصَفَعَ التَّاجِرَ عَلَى خَدِّهِ صَفْعَةً طَارَتْ مِنْهَا عِمَامَتُهُ.. وَقَالَ لَهُ: إِذَا أَحْضَرَ غَرِيمِي الـ ٢٠ دِينَارًا فَخُذْهَا لَكَ حَلَالًا طَيِّبًا..

وَانْصَرَفَ جُحَا بَعْدَ أَنْ أَدْهَشَ كُلَّ مَنْ فِي السُّوقِ..

١ – ما كانَتْ هِوَايَةُ جُحَا المُحَبَّبَةُ؟

٢ – لِماذا أرادَ الرَّجُلُ أَنْ يُلَقِّنَ جُحَا دَرْساً؟

٣ – مَاذا فَعَلَ الرَّجُلُ؟

٤ – كَمْ حَكَمَ القَاضِي لِجُحَا؟

٥ – هَلْ كانَ القَاضِي مُتَوَاطِئاً مَعَ الرَّجُلِ الَّذِي ضَرَبَ جُحَا.. وَلِمَاذا؟

٦ – مَا الَّذِي يُسْتَفَادُ مِنْ هذِهِ القِصَّةِ؟

AF446667